BEI GRIN MACHT SICH IHR WISSEN BEZAHLT

- Wir veröffentlichen Ihre Hausarbeit,
  Bachelor- und Masterarbeit

- Ihr eigenes eBook und Buch -
  weltweit in allen wichtigen Shops

- Verdienen Sie an jedem Verkauf

Jetzt bei www.GRIN.com hochladen
und kostenlos publizieren

Wie gelingt ein Trainigsplan mit Fokus Ausdauertraining? Trainigsplanerstellung mittels IPN-Test®, extensiver, variabler und intensiver Dauermethode

Jonas Nunnenmacher

Bibliografische Information der Deutschen Nationalbibliothek:

Die Deutsche Nationalbibliothek verzeichnet diese Publikation in der Deutschen Nationalbibliografie; detaillierte bibliografische Daten sind im Internet über http://dnb.d-nb.de abrufbar.

ISBN: 9783346240828
Dieses Buch ist auch als E-Book erhältlich.

© GRIN Publishing GmbH
Nymphenburger Straße 86
80636 München

Alle Rechte vorbehalten

Druck und Bindung: Books on Demand GmbH, Norderstedt Germany
Gedruckt auf säurefreiem Papier aus verantwortungsvollen Quellen

Das vorliegende Werk wurde sorgfältig erarbeitet. Dennoch übernehmen Autoren und Verlag für die Richtigkeit von Angaben, Hinweisen, Links und Ratschlägen sowie eventuelle Druckfehler keine Haftung.

Das Buch bei GRIN: https://www.grin.com/document/922873

Deutsche Hochschule für
Prävention und Gesundheitsmanagement
Hermann Neuberger Sportschule 3
66123 Saarbrücken

Einsendeaufgabe

Fachmodul:	Trainingslehre II
Studiengang:	Fitnessökonomie
Datum Präsenzphase:	29.06.2020 – 01.07.2020
Name, Vorname:	Nunnenmacher, Jonas
Studienort:	**Stuttgart**
Semester:	**SS 2020**

Inhaltsverzeichnis

1   Diagnose

Im Folgenden wird eine Trainingssteuerung nach dem 5-Stufen Modell durchgeführt, dieses besteht aus den Stufen Diagnose, Zielsetzung, Trainingsplanung, Trainingsdurchfüh-
rung und Trainingsevaluation (Oliver, Marshall & Büsch, 2008, S. 55-57). Zunächst wird
die Diagnose durchgeführt, diese besteht aus einem Eingangsgespräch, biometrischen
und motorischen Tests.

1.1   Allgemeine und biometrische Daten

Tab. 1: Allgemeine Daten aus dem Eingangsgespräch

Alter	24 Jahre
Geschlecht	Männlich
Trainingsmotive	Allgemeine Fitness, Gesundheitsförderung & Körperfor-mung
Berufliche Tätigkeit	Dualer Student B.A. Fitnessökonomie, 40 Stunden/Wo-che, ca. 50% Büro und 50% Trainingsbetreuung
Frühere sportliche Aktivitäten	2002-2006 Fußball im Sportverein auf Kreisebene, Leis-tungsstufe: niedrig, Trainingsumfang: zwei Mal pro Wo-che für 90 Minuten 2006-2011 Tischtennis im Sportverein auf Kreisebene, Leistungsstufe: niedrig, Trainingsumfang: zwei bis drei Mal pro Woche für 120 Minuten
Aktuelle sportliche Aktivitäten	2017-jetzt Krafttraining im Fitnessstudio, Leistungsstufe: hoch, Trainingsumfang: vier bis sechs Mal pro Woche für 90 Minuten
Zeitlicher Verfügungsrahmen für das Ausdauertraining	Maximal 4 Trainingseinheiten pro Woche mit einer Dauer von jeweils 70 Minuten
Orthopädische, internistische Probleme, ärztliche Be-handlungen, Einnahme von Medikamenten	keine

Tab. 2: Gemessene biometrische Daten

Körpergröße	181 cm
Körpergewicht	85,6 kg
Body Mass Index (=BMI)	26,12 kg/m^2
Körperfettanteil	15,5%
Ruhepuls	60,6 Schläge/min
Blutdruck	125,3/66,4 mmHg

Der BMI liegt über dem Normalbereich von 18,8-24,9 kg/m², dies ist jedoch auf das lang-jährige Krafttraining und die dadurch aufgebaute Muskelmasse zurückzuführen (World Health Organization, o.J.). Der Körperfettanteil von 15,5%, welcher im Normalbereich von 8-20% liegt, bestätigt diese Aussage (Gallagher et al. S. 699). Die Person ist dahin-gehend als voll belastbar anzusehen. Des Weiteren liegt der Ruhepuls am unteren Ende des Normalbereichs von 60 bis 100 Schlägen/Minute. Eine Person mit einem Ruhepuls in diesem Bereich ist in der Regel körperlich viel aktiv oder sehr sportlich (American Heart Association, 2015). Auch dies wird als ein Indikator für eine volle Belastbarkeit angesehen. Ein Normaler Blutdruck liegt zwischen 120-129 mmHg systolisch und 80-84 mmHg diastolisch, wobei der Wert, welcher sich in der schlechteren Kategorie befindet entscheidend ist. Daher wird der Blutdruck der Person mit 125,3/66,4 mmHg als normal kategorisiert (Williams et al., 2018, S. 3030). Auch dies spricht für eine volle Belastbar-keit. Diese Erkenntnisse decken sich mit den früheren und aktuellen sportlichen Aktivi-täten, welche ebenfalls auf eine volle Belastbarkeit schließen lassen. Trotzdem sollte nicht außer Acht gelassen werden, dass die Person keinerlei Erfahrung im Ausdauertrai-ning besitzt.

1.2 Ausdauertestung und Leistungsdiagnostik

1.2.1 Begründung der Auswahl des Ausdauertests

Um die Ausdauerleistungsfähigkeit der Person festzustellen soll zunächst ein Ausdauer-test durchgeführt werden. Dabei soll es sich um einen Test auf dem Fahrradergometer handeln, weil die Ausführung vergleichsweise einfach und ungefährlich ist, gleichzeitig kann der Widerstand sehr einfach und beinahe kontinuierlich gesteigert werden, die Leis-tung (Watt) einfach gemessen und während des Tests der Puls ebenfalls einfach gemessen werden (World Health Organization, 1968, S. 11).

Weiter kommen drei mögliche Testarten zur Auswahl, ein Ausbelastungstest, ein Dauer-test oder ein Stufentest.

Ausbelastungstests sind stark anaerob orientiert mit einer Dauer von ca. 120 Sekunden. Diese Tests sind hochbelastend, sind und geben Rückschlüsse auf die anaerobe Ausdau-erleistungsfähigkeit einer Person (Hofmann et al., 2017, S. 81.). In Anbetracht der Trai-ningsziele und der nicht vorhandenen Erfahrung in einem solchen Trainingsbereich, wird diese Art Test nicht weiterverfolgt.

Dauertests wie der Cooper Test oder der Walking-Test, sind wie die Ausbelastungstests einstufige Tests, jedoch von einer längeren Dauer, hierbei wird die Dauer (Cooper Test) bzw. die Distanz (Walking-Test) vorgegeben. Auch bei diesen Tests ist die Dauer oft so gering, dass mit einem erheblichen anaeroben Anteil zu rechnen ist, dies ist in der Leistungsdiagnostik, vor allem bei untrainierten Personen kritisch zu beurteilen (Hofmann, Müller & Tschakert, 2017, S. 81.).

Da die beiden oben behandelten Testarten nicht eingesetzt werden, fällt die Wahl auf einen Stufentest. Dieser empfiehlt sich vor allem, weil keine Ausbelastung notwendig ist, die gemessene aerobe Leistungsfähigkeit mit einer Norm-Soll-Leistungstabelle verglichen werden kann, der Test sehr praxistauglich ist und zuverlässige Ergebnisse liefert (Institut für Prävention und Nachsorge, 2004, S. 15). Bei einem Stufentest werden zunächst die Eingangsstufe, Stufendauer und Stufenhöhe definiert. Die Testperson startet dann auf der Eingangsstufe und erhöht nach Ablauf der Stufendauer immer um die Stufenhöhe (Fünten, Faude, Skorski & Meyer, 2013, S. 172).

Die Wahl des Stufentests fällt auf den IPN-Test®, da dieser die individuellen Daten Ruhepuls, Alter, Geschlecht, Gewicht und die Trainingshäufigkeit berücksichtigt und damit neben einem intraindividuellen auch ein interindividueller Vergleich sehr gut möglich ist (Institut für Prävention und Nachsorge, 2004, S. 7-9).

Die Wahl des Belastungsschemata fällt auf das Hollmann/Venrath-Schema, weil auf Grund der vorhandenen Informationen zu Ruhepuls, Körperfettanteil und sportlicher Vorerfahrung davon ausgegangen wird, dass die Person dazu in der Lage ist mindestens 150 Watt auf dem Radergometer submaximal zu bewältigen.

1.2.2   Testablauf und Testergebnisse

Tab. 3: Testparameter und Personendaten

Testparameter IPN-Test® (submaximal)		Person	
Belastungsschemata	Hollmann/Venrath	Geschlecht	Männlich
Eingangsstufe	30 Watt	Alter	24 Jahre
Stufendauer	3 min	Gewicht	85,6 kg
Stufenhöhe	40 Watt	Ruhepuls	60,6 S/min
Trittfrequenz	60-80 U/min	Blutdruck	125,3/66,4 mmHg
Pulsobergrenze/ Abbruchgrenze	145 S/min nach IPN Voreinstufung	Trainingshäufigkeit Ausdauertraining	nie

Tab. 4: Testprotokoll

Minuten	Watt	Herzfrequenz 1	Herzfrequenz 2	Herzfrequenz 3
1-3	30	92	92	93
4-6	70	99	103	106
7-9	110	111	114	118
10-12	150	123	128	129
13-15	190	136	142	144
16-18	230	147	151	153

Tab. 5: Testergebnis

Watt gesamt	203,3
Watt/Kg	2,38
Bewertung nach IPN Normtabelle	Ø

Wird das Ergebnis einem Norm-Sollwert-Vergleich anhand der relativen Watt-Soll-Leistung (pro Kg) bei Männern unterzogen, so liegt die Person unter Berücksichtigung ihres Alters im oberen Durchschnittsbereich. Das heißt, dass die Person im Stande ist das Leistungsvermögen, welches sie ohne Leistungseinschränkungen zu leisten im Stande sein sollte, erbringen kann (Institut für Prävention und Nachsorge, 2004, S. 9). Die Person ist demnach voll trainierbar.

1.3 Bewertung des Gesundheits- und Leistungsstatus

Der durch die biometrischen und allgemeinen Daten erwartete gute Gesundheitsstatus kann durch die Leistungsdiagnostik bestätigt werden. Der Leistungsstatus der Person liegt im Mittelfeld des Gesundheits- und Fitnesssports (Institut für Prävention und Nachsorge, 2004, S. 9), demnach wird die Person als voll belastbar bzw. trainierbar bewertet.

2 Zielsetzung und Prognose

Da die Diagnose nun abgeschlossen ist, folgt als nächste Stufe des 5-Stufen-Modells nach Oliver, Marshall und Busch (2008, S.55-57) die Zielsetzung. Hierbei werden in Absprache mit der Person die Trainingsmotive in eine konkrete Zieldefinition, bestehend aus Inhalt, Ausmaß und Zeit überführt.

Tab. 6: Zielsetzung für die Trainingsplanung

Inhalt	Ausmaß	Zeit
Steigerung der aeroben Ausdauer-leistungsfähigkeit	Steigerung der Watt/Kg im IPN-Test® um 10%, also von 2,38 auf 2,62.	12 Wochen
Senkung des Ruhepulses	Senkung des Ruhepulses auf unter 60 S/min	12 Wochen
Reduktion des Körperfettanteils	Reduktion der Körperfettanteils um 1,17%	8 Wochen

Das Trainingsmotiv der allgemeinen Fitness wird transferiert in eine Steigerung der Ausdauerleistungsfähigkeit um 10%. Die Person hat eine durchschnittliche Ausdauerleistungsfähigkeit und ist aus gesundheitlicher Sicht voll trainierbar, daher ist ein solches Ziel durchaus realistisch (Bouaziz et al., 2018, S. 2284; Dransmann, 2020, S. 67; Durkalec-Michalski, 2018, S. 370). Für die Person ist dieses Ziel sehr attraktiv, da sie dadurch in der Kategorisierung nach dem Institut für Prävention und Nachsorge (2004, S. 8) von durchschnittlich nach leicht überdurchschnittlich/mäßig trainiert rutscht.

Mit dem zweiten Ziel wurde das Trainingsmotiv der Gesundheitsförderung aufgegriffen. Ein niedriger Ruhepuls kann, sofern dieser nicht durch die Einnahme von Medikamenten, wie z.B. Beta-Blockern, verursacht wird, als ein Zeichen eines gesunden und leistungsfähigen Herzens interpretiert werden. Die Reduktion ist grundsätzlich nicht nötig, da sich der Ruhepuls der Person bereits im unteren Bereich des Normalbereichs liegt, jedoch ist es für die Person erstrebenswert, weil damit gemeinhin auch eine gewisse athletische Fitness verbunden wird (American Heart Association, 2015). Eine Senkung des Ruhepulses um ein bis zwei Schläge pro Minute innerhalb von 12 Wochen ist realistisch (An et al., 2000, S. 492), da die Person auf Grund ihrer gesundheitlichen Voraussetzungen voll trainierbar ist.

Die Reduktion des Körperfettanteils ist aufgrund ästhetischer Ansichten der Person attraktiv und kann durch das Ausdauertraining, für welches die Person alle gesundheitlichen Voraussetzungen erfüllt, erreicht werden (Kang, Kim & Ko, 2016, S. 1766). Eine Reduktion des Körperfettanteils um 1,17%, setzt eine Reduktion der Körperfettmasse um ein Kilogramm voraus. Wird der Wasseranteil im Fettgewebe außer Acht gelassen, muss für die Abnahme von einem Kilogramm Körperfett ein Mehrverbrauch von ca. 9000kcal durch das Training erreicht werden. Die wöchentliche Trainingsdauer beträgt durchschnittlich ca. 2,5 Stunden. Durch die Zusammensetzung von Training auf dem Laufband, Crosstrainer und dem Fahrradergometer zu annähernd gleichen Teilen kann von einem Verbrauch von rund 450 kcal pro Stunde ausgegangen werden (Moyna et al., 2001, S.

1406). In den 8 Wochen die als Zeitraum für die Zielerreichung gegeben sind werden demnach durch das Ausdauertraining 9000 kcal verbrannt. Der Wasseranteil im Fettgewebe, welcher zuvor außer Acht gelassen wurde, dienen als Puffer um die Wahrscheinlichkeit der Zielerreichung zu erhöhen, das Ziel ist demnach realistisch.

3 Trainingsplanung des Mesozyklus

Nachdem die Ziele für die Person nun eindeutig definiert sind folgt die Trainingsplanung unter Berücksichtigung aller geltenden Trainingsprinzipien.

3.1 Grobplanung des Mesozyklus

Tab. 7: Grobplanung des Mesozyklus

Dauer	8 Wochen
Trainingsziel	Aufbau und Stabilisierung der Grundlagenausdauer (=GA1), sowie Einführen in die Entwicklung der Grundlagenausdauer (=GA2)
Trainingsumfang je Woche	125-185 min
Trainingsmethoden	Extensive Dauermethode (=exDM) Variable Dauermethode (=varDM) Intensive Dauermethode (=intDM)
Trainingsintensität	50-60% der maximalen Herzfrequenz (=HF_{max}) (regenerativ) 60-75% HF_{max} (extensiv (=ext.)) 60-85% Hf_{max} (variabel) 80-85% Hf_{max} (intensiv (int.))
Trainingshäufigkeit	3-4 Trainingseinheiten/Woche
Dauer pro Trainingseinheit	35 min (regenerativ) 35-70 min (ext.) 30-35 min (5:5) (variabel) 30 min (int.)
Trainingsgeräte	Fahrradergometer (=FEM), Crosstrainer (=CT), Laufband (Joggen) (=LB)

3.2 Detailplanung des Mesozyklus

Tab. 8: Detailplanung des Mesozyklus

Woche 1 / Woche 2

	Woche 1			Woche 2		
Wochentag	Di	Do	Sa	Di	Do	Sa
Tr.-Ziel	GA1	GA1	GA1	GA1	GA1	GA1
Tr.-Methode	exDM	exDM	exDM	exDM	exDM	exDM
Tr.-Intensität relativ	60-65% HF_{max}	65-70% HF_{max}	60-65% HF_{max}	70-75% HF_{max}	65-70% HF_{max}	60-65% HF_{max}
Tr.-Intensität absolut	106-114 S/min	127-137 S/min	118-127 S/min	123-132 S/min	127-137 S/min	118-127 S/min
Tr.-Dauer	50 min	35 min	40 min	40 min	45 min	45 min
Tr.-Gerät	FEM	CT	LB	FEM	CT	LB

Woche 3 / Woche 4

	Woche 3				Woche 4			
Wochentag	Di	Do	Sa	So	Di	Do	Sa	So
Tr.-Ziel	GA1	GA1/GA2	GA1	GA1	GA1	GA1/GA2	GA1	GA1
Tr.-Methode	exDM	varDM	exDM	exDM	exDM	varDM	exDM	exDM
Tr.-Intensität	65-70% HF_{max}	65-80% HF_{max} (65-70% HF_{max} ext.) (75-80% HF_{max} int.)	70-75% HF_{max}	60-65% HF_{max}	65-70% HF_{max}	60-80% HF_{max} (60-65% HF_{max} ext.) (75-80% HF_{max} int.)	65-70% HF_{max}	60-65% HF_{max}
Tr.-Intensität absolut	114-123 S/min	127-157 S/min (127-137 S/min ext.) (147-157 S/min int.)	137-147 S/min	106-114 S/min	127-137 S/min	118-157 S/min (118-127 S/min ext.) (147-157 S/min int.)	114-123 S/min	118-127 S/min
Tr.-Dauer	45 min	35 min (5:5)	35 min	45 min	35 min	30 min (5:5)	35 min	40 min
Tr.-Gerät	FEM	CT	LB	FEM	CT	LB	FEM	CT

Woche 5 / Woche 6

	Woche 5				Woche 6			
Wochentag	Di	Do	Sa	So	Di	Do	Sa	So
Tr.-Ziel	GA1	GA1/GA2	GA1	GA1	GA1	GA1/GA2	GA1	GA1
Tr.-Methode	exDM	varDM	exDM	exDM	exDM	varDM	exDM	exDM
Tr.-Intensität	65-70% HF_{max}	70-85% HF_{max} (70-75% HF_{max} ext.) (80-85% HF_{max} int.)	70-75% HF_{max}	60-65% HF_{max}	65-70% HF_{max}	65-85% HF_{max} (65-70% HF_{max} ext.) (80-85% HF_{max} int.)	70-75% HF_{max}	60-65% HF_{max}
Tr.-Intensität absolut	127-137 S/min	123-150 S/min (123-132 S/min ext.) (141-150 S/min int.)	137-147 S/min	118-127 S/min	114-123 S/min	127-167 S/min (127-137 S/min ext.) (157-167 S/min int.)	137-147 S/min	106-114 S/min
Tr.-Dauer	45 min	30 min (5:5)	35 min	45 min	50 min	30 min (5:5)	40 min	50 min
Tr.-Gerät	LB	FEM	CT	LB	FEM	CT	LB	FEM

	Woche 7				Woche 6			
Wochentag	Di	Do	Sa	So	Di	Do	Sa	So
Tr.-Ziel	GA2	REKOM	GA1	GA1	GA1	GA1/GA2	GA1	GA1
Tr.-Methode	intDM	exDM	exDM	exDM	exDM	varDM	exDM	exDM
Tr.-Intensität	80-85% HF$_{max}$	50-60% HF$_{max}$	60-65% HF$_{max}$	65-70% HF$_{max}$	65-70% HF$_{max}$	60-80% HF$_{max}$ (60-65% HF$_{max}$ ext.) (75-80% HF$_{max}$ int.)	65-70% HF$_{max}$	60-65% HF$_{max}$
Tr.-Intensität absolut	157-167 S/min	88-106 S/min	117-127 S/min	127-137 S/min	114-123 S/min	118-157 S/min (118-127 S/min ext.) (147-157 S/min int.)	127-137 S/min	106-114 S/min
Tr.-Dauer	30 min	35 min	70 min	50 min	35 min	35 min (5:5)	35 min	45 min
Tr.-Gerät	LB	FEM	CT	LB	FEM	CT	LB	FEM

3.3 Begründung des Mesozyklus

Im Sinne der Individualität und der Altersgemäßheit wurde in der Diagnose bereits der Gesundheits- und Leistungsstand der Person bewertet. Außerdem wird die Altersgemäßheit sichergestellt, indem das Alter in die Faustformel zur Berechnung der HF$_{max}$ mit einbezogen wird. Die Faustformel für die HF$_{max}$ für das Fahrradergometer ist 200-Lebensalter=HF$_{max}$ und die für den Crosstrainer und das Laufband 220-Lebensalter=HF$_{max}$ (Fünten, Faude, Skorski & Meyer, 2013, S. 174). Da sich die aerobe Ausdauerleistungsfähigkeit der Person im oberen durchschnittlichen Bereich befindet und sie zuvor noch nie Ausdauertraining betrieben hat, wird die Person langsam an das Training herangeführt (Thiel, Bernardi & Hübscher, 2017, S.41). Dies geschieht dadurch, dass die wöchentliche Trainingshäufigkeit, der Trainingsumfang pro Woche, die Trainingsdauer der einzelnen Trainingseinheiten und die Trainingsintensitäten erst nach und nach erhöht werden. Die Belastungsprogression von Trainingsumfang und Trainingsintensität folgt dem Schema Trainingshäufigkeit vor Trainingsdauer vor Trainingsintensität (Eisenhut & Zintl, 2013, S. 18-19).

Der Trainingsumfang und die Trainingsintensitäten wurden so gewählt, damit ein trainingswirksamer Reiz gesetzt wird und Anpassungseffekte ausgelöst werden (Thiel, Bernardi & Hübscher, 2017, S.39).

Der angestrebte Belastungsumfang liegt innerhalb des zeitlichen Verfügungsrahmens der Person und beträgt zwischen 125 und 185 Minuten. Damit soll der Empfehlung des American College of Sports Medicine (=ACSM) Rechnung getragen werden. Dieses empfiehlt einen Belastungsumfang von 150 Minuten pro Woche bei einer moderaten Intensität (Garber et al., 2011, S.1334). Teilweise sind die Belastungsumfänge darunter, dies ist der angemessenen Heranführung an das Ausdauertraining geschuldet. In einigen Wochen wird diese Empfehlung übertroffen, das rührt daher, dass eine Steigerung der Dosis generell eine Steigerung der gesundheitlichen Wirkung des Ausdauertrainings zur Folge hat (Kesaniemi et al., 2001, S.358).

Auch die Trainingsintensität soll überschwellig sein. Daher soll die Intensität beim Ausdauertraining, gemessen an der HF_{max} mindestens 50% dieser betragen (Eisenhut & Zintl, 2013, S. 18). Die genauen Intensitätsbereiche und Trainingsmethoden werden im Folgenden aufgeschlüsselt.

Um die Grundlagenausdauer aufzubauen und zu stabilisieren (GA1) bildet die Basis des Mesozyklus die extensive Dauermethode. Hierbei wird mit einer Herzfrequenz von 60-75% der HF_{max} im Bereich der aeroben Schwelle trainiert. Die Anpassungseffekte dieses Trainings sind eine Verbesserung der peripheren Durchblutung, eine anteilige Erhöhung der Fettsäureverbrennung und eine Ökonomisierung des Herz-Kreislauf-Systems (Gimbel, 2014, S. 195).

Ab der dritten Woche wird auch die variable Dauermethode eingesetzt, um sowohl die GA1 und auch die GA2 zu trainieren und die Person an die intensive Dauermethode heranzuführen. Hierbei trainiert die Person abwechselnd 5 Minuten im Bereich der aeroben Schwelle und 5 Minuten im Bereich der anaeroben Schwelle, die 5 Minuten mit der geringeren Intensität dienen dabei als Erholungspausen. Die Anpassungseffekte der extensiven Dauermethode wird hierbei mit denen der intensiven Dauermethode kombiniert (Gimbel, 2014, S. 195).

Mittels der intensiven Dauermethode, welche zum ersten Mal in Woche 7 zum Einsatz kommt, wird ebenfalls die GA2 im Bereich der anaeroben Schwelle trainiert. Die gewünschten Folgen des Trainings der GA2 sind eine Vergrößerung der Glykogenspeicher und eine bessere Pufferung des anfallenden Laktats und somit ein Anheben der anaeroben Schwelle (Gimbel, 2014, S. 195). Auf diese intensive Trainingseinheit folgt nach 24 Stunden Pause ein leichtes Regenerations- bzw. Kompensationstraining (=REKOM), welches die Regeneration fördern soll (Hottenrott & Hoos, 2013, S. 464).

Im Sinne eines optimalen Verhältnisses zwischen Belastung und Erholung ist der Sonntag stehts ein Tag mit einem leichteren Training, daraus ergibt sich ein Verhältnis von 2:1 (Woche 1 und Woche 2) bzw. 3:1 (Woche 3 bis Woche 8) innerhalb der Wochen. Außerdem sind Woche 4 und Woche 8 so geplant, dass in diesen ebenfalls nicht progressiv belastend, sondern entlastend trainiert wird. Daraus ergibt sich ein Verhältnis von 3:1

zwischen den einzelnen Wochen. Das Ziel dieser entlastenden Trainingseinheiten ist es sicherzustellen, dass die gewünschten Anpassungen auch tatsächlich eintreten. Anderenfalls wäre es möglich, dass diese nicht in vollem Umfang eintreten oder gar ein Überforderungssyndrom auftritt (Haber, 2009, S. 188).

Durch die drei beziehungsweise vier Trainingseinheiten pro Woche ist auch das Prinzip der Wiederholung und Kontinuität erfüllt. Dieses besagt, dass ähnliche Reize erst dann zu einer Adaption führen, wenn sie zeitlich und inhaltlich aufeinander abgestimmt und kontinuierlich gesetzt werden (Thiel, Bernardi & Hübscher, 2017, S.40).

Um durch eine Variation der Trainingsbelastung Vorteile hinsichtlich der Reizwirksamkeit, Motivation und Übertragbarkeit der Trainingseffekte zu erzielen,werden sowohl die Intensität, die Trainingsmethode, die Trainingsdauer und das Trainingsgerät für jedes Training variiert (Thiel, Bernardi & Hübscher, 2017, S.40).

Das LB wurde als Trainingsgerät gewählt, weil ein großer Anteil (ca. 60%) der Gesamtmuskulatur beansprucht wird und viel Energie verbraucht wird (Haber, 2009, S.201; Moyna et al., 2001, S. 1406). Dies ist analog beim CT mit Armeinsatz der Fall. Auch mit dem FEM wird ein ausreichender Anteil der Gesamtmuskulatur (ca. 40%) beansprucht (Haber, 2009, S.201). Bei der Wahl des LB und des FEM ist ebenfalls der Wunsch der Person, sein Training eventuell auch im Freien durchführen zu können, eingeflossen. Hier kann alternativ im Freien gejoggt bzw. Rad gefahren werden, der Puls wird in diesem Fall mittels Brustgurt erfasst. Der CT und der FEM bieten den Vorteil, dass eine geringe Stoßwirkung auf den Körper wirkt (Robinson & Griffin, 2005, S. 249-250). Bei allen drei Ausdauertrainingsgeräten ist die Einstellung und Steigerung des Kraftaufwandes auf einfache Weise möglich (World Health Organization, 1968, S. 11).

4 Effekte des Ausdauertrainings bei Übergewicht/Adipositas

Tab. 9: High intensity interval- vs moderate intensity- training for improving cardiometabolic health in overweight or obese males: A randomized controlled trail (Fischer et al., 2015, S. 1-15)

Wer hat die Studie durchgeführt?	G. Fischer, A. W. Brown, M. M. B. Brown, A. Alcorn, C. Noles, L. Winwood, H. Resuehr, B. George, M. M. Jeansonne, D. B. Allison
In welchem Jahr wurde die Studie publiziert?	2015
Welche Forschungsfrage wurde untersucht?	Die Studie untersuchte die Effekte von sechswöchigem hochintensivem Intervalltraining (=HIIT) und sechswöchigen Training mittels exDM auf die Körperzusammensetzung, die Insulinsensitivität, den Blutdruck, die Blutfettwerte und die Ausdauerleistungsfähigkeit in übergewichtigen oder fettleibigen Männern mit bewegungsarmer Lebensweise und verglich diese miteinander.
Mit welchen Versuchspersonen wurde die Studie durchgeführt?	Die Studie wurde mit 28 vielsitzenden, männlichen Übergewichtigen oder Fettleibigen in einem Alter zwischen 17 und 22 Jahren durchgeführt. Einbeziehungskriterien waren ein BMI zwischen 25 und 35 kg/m2, unter 30 Minuten strukturierte körperliche Aktivität pro Woche, Nichtraucherstatus und eine normale Glucose Toleranz (Nüchternblutzucker unter 100 mg/dl). Ausschlusskriterien waren eine bekannte Medikamenteneinnahme welche Auswirkungen auf die Körperzusammensetzung oder den Stoffwechsel hatte, eine Asthma Erkrankung, eine Körpergewichtsveränderung von über 10% in den vorangegangenen 6 Monaten und/oder ein Alter außerhalb der Grenzen.
Wie sah der Versuchsaufbau der Studie aus?	Die Teilnehmer wurden randomisiert in zwei Gruppen aufgeteilt. Vor der Intervention wurde eine Eingangsbewertung vorgenommen, hierbei wurde der Grundumsatz, die Körperzusammensetzung, der Blutdruck, die Blutfettwerte und der Nüchternblutzucker bestimmt und ein stufenförmiger Ausbelastungstest zur Bestimmung der maximalen Sauerstoffaufnahme (=VO_{2max}) mittels Spirometer sowie ein Wingate-Test durchgeführt. Dann trainierte die HIIT Gruppe 6 Wochen auf einem FEM. Die Teilnehmer trainierten an drei Tagen pro Woche für 20 Minuten. Sie starteten 4 Minuten mit 15% der maximalen anaeroben Leistungsfähigkeit (=Max-AP), welche im Wingate-Test erreicht wurde, gefolgt von 30 Sekunden mit 85% der Max-AP, diese Folge wurde vier Mal pro Trainingseinheit wiederholt und dann mit 2 Minuten mit 15% der Max-AP das Training beendet. Zwischen den einzelnen Trainingseinheiten lagen mindestens 24 Stunden. Die exDM Gruppe trainierte an fünf Tagen pro Woche 45-60 Minuten mit 55-65% ihrer VO_{2max} aus dem Stufentest. Bei beiden Interventionsgruppen wurde der Puls während den Trainingseinheiten überwacht. Nach der Trainingsintervention wurde eine Ausgangsbewertung analog zur Eingangsbewertung durchgeführt.
Welche relevanten Ergebnisse und Schlussfolgerungen lieferten die Studien?	Sowohl die HIIT-Gruppe als auch die exDM-Gruppe konnte ihre Insulinsensitivität, Blutfettwerte, Körperfettanteil und Ausdauerleistungsfähigkeit zumindest temporär verbessern. Zwischen den Gruppen waren keine signifikanten Unterschiede zu beobachten, außer in der Verbesserung der VO_{2max}. Diese verbesserte sich bei der exDM-Gruppe um 11,1%, in der HIIT-Gruppe nur um 2,83%. Es ist wahrscheinlich, dass dieser Unterschied durch die verschiedenen Trainingsumfänge zwischen den beiden Gruppen zustande kam. Ein klarer Favorit unter den beiden Trainingsmethoden ist aus Sicht der Autoren nicht ersichtlich, jedoch deuten die Ergebnisse darauf hin, dass ein relativ kurzes HIIT oder exDM Training zu empfehlen ist um die Risikofaktoren in übergewichtigen oder fettleibigen Männern mit bewegungsarmer Lebensweise zu verbessern.

Tab. 10: High intensity interval training is associated with greater impact on physical fitness, insulin sensitivity and muscle mitochondrial content in males with overweight/obesity, as opposed to continuous endurance training: a rondomized controlled trail (Strijcker et al. 2018, S. 215-226)

Wer hat die Studie durchgeführt?	D. D. Strijcker, B. Lapauw, D. M. Ouwens, D. V. d. Velde, D. Hansen, M. Petrovic, C. Cuvelier, C. Tonoli, P. Claders
In welchem Jahr wurde die Studie publiziert?	2018
Welche Forschungsfrage wurde untersucht?	Die Studie untersuchte die Effekte von zehnwöchigem HIIT und zehnwöchigem Training nach der exDM auf die körperliche Leistungsfähigkeit, das basale respiratorische Austauschverhältnis (=bRER) und die Muskelhistologie in übergewichtigen oder fettleibigen Männern mit bewegungsarmer Lebensweise (Risikogruppe Diabetes Typ 2) und verglich diese miteinander.
Mit welchen Versuchspersonen wurde die Studie durchgeführt?	Die Studie wurde mit 16 männlichen Personen mit einem Alter zwischen 42 und 57 Jahren und einem BMI von 28-36 kg/m² durchgeführt. Ausschlusskriterien waren eine bestehende Diabeteserkrankung (HbA1c>6,5%), mehr als 60 Minuten strukturiertes Training pro Woche und/oder bestehende ernste Erkrankungen des Bewegungsapparates oder des Herz-Kreislauf-Systems.
Wie sah der Versuchsaufbau der Studie aus?	Die Teilnehmer wurden randomisiert in zwei Gruppen aufgeteilt. Vor dem Interventionszeitraum wurde eine Eingangsbewertung an mehreren Tagen durchgeführt, wobei generelle Merkmale, die bRER, und die Insulinsensitivität gemessen, Gewebeproben der Muskulatur entnommen und ein Ausbelastungstest durchgeführt wurde. Der Interventionszeitraum betrug 10 Wochen, währenddessen trainierten beide Gruppen jeweils zwei Mal pro Woche für 40 Minuten. Auch das Auf- und Abwärmen, welches jeweils 5 Minuten in Anspruch nimmt war für beide Gruppen gleich und bestand aus Dehn- und Ausdauerübungen mit 30% der maximalen Leistung. Die HIIT-Gruppe trainierte zwischen Auf- und Abwärmen in drei Blöcken von jeweils 10 Minuten, den ersten als HIIT, den zweiten mittels Dauermethode und den dritten wieder als HIIT. Jeder HIIT Block bestand aus 10 Runden mit jeweils 15 Sekunden bei einer Geschwindigkeit von 100 U/min bei einem Widerstand so groß, dass an der ventilatorischen Schwelle trainiert wurde. Der Puls stieg hierbei über 85% der HF$_{max}$. Diese Runden wurden alternierend durchgeführt mit Runden mit einer Dauer von 45 Sekunden bei 40-60 U/min und 50% des Widerstands, bei dem die ventilatorische Schwelle erreicht wurde. Die Intensität während der HIIT Blöcke, hier bestimmt durch den Widerstand des FEM, wurde in den Wochen 6 bis 10 um 10% erhöht. Die exDM-Gruppe trainierte zwischen dem Auf- und Abwärmen ebenfalls in drei Blöcken. Der Erste auf dem FEM, der zweite auf dem Stepper und den dritten wieder auf dem Stepper. Die Intensität bei allen drei Blöcken blieb während des Trainings gleich. Der Widerstand wurde so gewählt, dass bei 60 U/min an der ventilatorischen Schwelle trainiert wurde. In den Wochen 6 bis 10 wurde die Intensität um 10% erhöht. Nach dem Interventionszeitraum wurde eine Ausgangsbewertung analog zur Eingangsbewertung durchgeführt.
Welche relevanten Ergebnisse und Schlussfolgerungen lieferten die Studien?	Beide Gruppen konnten ihr Körpergewicht und ihren BMI über die 10 Wochen signifikant senken. Die Verbesserung der körperlichen Leistungsfähigkeit war bei der HIIT-Gruppe größer als bei der exDM-Gruppe. Auch die Verbesserung der Insulinsensitivität fiel bei der HIIT-Gruppe größer aus als bei der exDM-Gruppe. Während sich die bRER bei der HIIT-Gruppe verbessert hat, hat sich die der exDM-Gruppe nicht signifikant verändert. Des Weiteren fiel die Erhöhung der Mitochondrienanzahl und die Oberflächenvergrößerung dieser bei der HIIT-Gruppe größer aus als bei der exDM-Gruppe. Abschließend lässt sich festhalten, dass die gesundheitsfördernden Effekte, bei übergewichtigen oder fettleibigen Männern mit einem bewegungsarmen Lebensstil, beim HIIT größer ausfallen als bei einem Training mittels exDM.

5 Literaturverzeichnis

American Heart Association. (2015). *All about heart rate (pulse)*. Zugriff am 04.07.2020.
Verfügbar unter https://www.heart.org/en/health-topics/high-blood-pressure/the-facts-about-high-blood-pressure/all-about-heart-rate-pulse

An, P., Rice, T., Pérusse, L., Borecki, I. B., Gagnon, J., Leon, A. S. et al. (2000). Complex segregation analysis of blood pressure and heart rate measured before and after a 20-week endurance exercise training program: The heritage family study. *American Journal of Hypertension, 13* (5), 488-497.

Bouaziz, W., Schmitt, E., Vogel, T., Lefebvre, F., Remetter, R., Lonsdorfer, E. et al. (2018). Effects of interval aerobic training program with recovery bouts on cardiorespiratory and endurance fitness in seniors. *Scandinavian Journal of Medicine and Science in Sports, 28* (11), 2284–2292.

Dransmann, M. (2020). *Hochintensives Intervalltraining vs. extensive Dauermethode. Feldstudie zum ausdauernden Laufen im Sportunterricht.* Wiesbaden: Springer.

Fünten, K. aus der. Faude, O., Skorski, S. & Meyer, T. (2013). Sportmedizin. In A. Güllich & M. Krüger (Hrsg.), *Sport. Das Lehrbuch für das Sportstudium* (S.171-210). Berlin: Springer.

Durkalec-Michalski, K., Zawieja, E. E., Zawieja, B. E., Jurkowska, D., Buchowski, M. S., & Jeszka, J. (2018). Effects of low versus moderate glycemic index diets on aerobic capacity in endurance runners: Three-week randomized controlled crossover trial. *Nutrients, 10* (3), 370.

Eisenhut, A. & Zintl, F. (2013). *Ausdauertraining. Grundlagen – Methoden – Trai*ningssteuerung (8. Aufl.). München: BLV Buchverlag.

Fisher, G., Brown, A. W., Bohan Brown, M. M., Alcorn, A., Noles, C., Winwood, L. et al. (2015). High intensity interval- vs moderate intensity- training for improving cardiometabolic health in overweight or obese males: A randomized controlled trial. *PLoS One 10* (10), 1-15.

Gallagher, D., Heymsfield, S. B., Heo, M., Jebb, S. A., Murgatroyd, P. R. & Sakamoto, Y. (2000). Healthy percentage body fat ranges: an approach for developing guidelines based on body mass index. *The American Journal of Clinical Nutrition, 72* (3), 694-701.

Garber, C. E., Blissmer, B., Deschenes, M. R., Franklin, B. A., Lamonte, M. J., Lee, M. D. et al. (2011). American College of Sports Medicine position stand. Quantity and quality of exercise for developing and maintaining cardiorespiratory, musculoskeletal, and neuromotor fitness in apparently healthy adults: guidance for prescribing exercise. *Medicine and Science in Sports and Exercise, 43*(7), 1334–1359.

Gimbel, B. (2014). Planung und Steuerung der Ausdauertrainings. In B. Gimbel (Hrsg.), *Körpermanagement. Handbuch für Trainer und Experten der betrieblichen Gesundheitsförderung* (S. 193-200). Berlin: Springer.

Haber, P. (2009). *Leitfaden zur medizinischen Trainingsberatung. Rehabilitation bis Leistungssport* (3. Aufl.). Wien: Springer.

Hofmann, P., Müller, A. & Tschakert, G. (2017). Gütekriterien, Protokolle und Spezial-Ergometrien zur Belastungsuntersuchung. In M. Wonisch, P. Hofmann, H. Förster, H. Hörtnagl, E. Ledl-Kurkowski & R. Pokan (Hrsg.), *Kompendium der Sportmedizin. Physiologie, Innere Medizin und Pädiatrie* (2. Aufl.) (S. 71-92). Wien: Springer.

Hottenrott, K. & Hoos, O. (Sportmotorische Fähigkeiten und sportliche Leistungen – Trainingswissenschaft. In A. Güllich & M. Krüger (Hrsg.), *Sport. Das Lehrbuch für das Sportstudium* (S.439-501). Berlin: Springer.

Institut für Prävention und Nachsorge. (2004). *IPN-Test® – Ausdauertest für den Fitness- und Gesundheitssport*. Köln: Institut für Prävention und Nachsorge.

Kang, S. J., Kim, E. H., & Ko, K. J. (2016). Effects of aerobic exercise on the resting heart rate, physical fitness, and arterial stiffness of female patients with metabolic syndrome. *Journal of Physical Therapy Science, 28* (6), 1764-1768.

Kesaniemi, Y. K., Danforth, E., Jr, Jensen, M. D., Kopelman, P. G., Lefèbvre, P., & Reeder, B. A. (2001). Dose-response issues concerning physical activity and health: an evidence-based symposium. *Medicine and Science in Sports and Exercise, 33*(6), 351-358.

Moyna, N. M., Robertson, R. J., Meckes, C. L., Peoples, J. A., Millich, N. B. & Thompson, P. D. (2001). Intermodal comparison of energy expenditure at exercise intensities corresponding to the perceptual preference range. *Medicine and Science in Sports and Exercise*, 33(8), 1404–1410.

Oliver, N., Marshall, F. & Büsch, D. (2008). *Grundlagen der Trainingswissenschaft und –lehre*. Schorndorf: Hofmann.

Robinson, T. K. & Griffin, K. M. (2005). Rehabilitation. In J. W. T. Byrd (Ed.), *Operative Hip Arthroscopy* (2nd ed.) (p. 236-251). New York: Springer.

Strijcker, D. D., Lapauw, B., Ouwens, D. M., Velde, D. V. d., Hansen, D., Petrovic, M. et al. (2018). High intensity interval training is associated with greater impact on physical fitness, insulin sensitivity and muscle mitochondrial content in males with overweight/obesity, as opposed to continuous endurance training: a randomized controlled trial. *Journal of Musculoskeletal & Neuronal Interactions, 18* (2), 215–226.

Thiel, C., Bernardi, A. & Hübscher, M. (2017). Körperliches Training in Prävention und Therapie – Gestaltung und Effekte. In W. Banzer (Hrsg.), *Körperliche Aktivität und Gesundheit. Präventive und therapeutische Ansätze der Bewegungs- und Sportmedizin* (S. 17-60). Berlin: Springer.

Williams, B., Mancia, G., Spiering, W., Rosei, E. A., Azizi, M., Burnier, M. et al. (2018). 2018 ESC/ESH Guidelines for the management of arterial hypertension. *European Heart Journal*, 39, 3021-3104.

World Health Organization. (1968). *Exercise tests in relation to cardiovascular function. Report of a WHO meeting* (World Health Organization technical report series, No. 388). Genf: Hrsg.

World Health Organization. (o. J.). *Body mass index – BMI.* Zugriff am 04.07.2020. Verfügbar unter https://www.euro.who.int/en/health-topics/disease-prevention/nutrition/a-healthy-lifestyle/body-mass-index-bmi

6 Tabellenverzeichnis

BEI GRIN MACHT SICH IHR WISSEN BEZAHLT

- Wir veröffentlichen Ihre Hausarbeit,
  Bachelor- und Masterarbeit

- Ihr eigenes eBook und Buch -
  weltweit in allen wichtigen Shops

- Verdienen Sie an jedem Verkauf

Jetzt bei www.GRIN.com hochladen und kostenlos publizieren